BEI GRIN MACHT SICH IHR WISSEN BEZAHLT

- Wir veröffentlichen Ihre Hausarbeit, Bachelor- und Masterarbeit

- Ihr eigenes eBook und Buch - weltweit in allen wichtigen Shops

- Verdienen Sie an jedem Verkauf

Jetzt bei www.GRIN.com hochladen und kostenlos publizieren

Bibliografische Information der Deutschen Nationalbibliothek:

Die Deutsche Bibliothek verzeichnet diese Publikation in der Deutschen National-
bibliografie; detaillierte bibliografische Daten sind im Internet über http://dnb.d-
nb.de/ abrufbar.

Impressum:

Copyright © 2015 GRIN Verlag
Druck und Bindung: Books on Demand GmbH, Norderstedt Germany
ISBN: 9783668654136

Dieses Buch bei GRIN:

https://www.grin.com/document/414611

Fatih Ilhan

Die sechs Kassenschritte im Service (Unterweisungsentwurf Systemgastronomie)

GRIN Verlag

GRIN - Your knowledge has value

Der GRIN Verlag publiziert seit 1998 wissenschaftliche Arbeiten von Studenten, Hochschullehrern und anderen Akademikern als eBook und gedrucktes Buch. Die Verlagswebsite www.grin.com ist die ideale Plattform zur Veröffentlichung von Hausarbeiten, Abschlussarbeiten, wissenschaftlichen Aufsätzen, Dissertationen und Fachbüchern.

Besuchen Sie uns im Internet:

http://www.grin.com/

http://www.facebook.com/grincom

http://www.twitter.com/grin_com

Praktische Ausbildereignungsprüfung

IHK Köln

Unterweisungsentwurf

Thema: Die sechs Schritte im Service

Ausbildungsberuf: Fachmann für Systemgastronomie

Prüfungsteilnehmer: Fatih Ilhan

Inhaltsverzeichnis

1. Rahmenbedingungen

1.1. Adressatenanalyse

Der Auszubildende ist 18 Jahre alt und hat sein Fachabitur im Bereich Wirtschaft und Verwaltung mit sehr gutem Erfolg abgeschlossen. Er befindet sich im 1. Ausbildungsjahr zum Fachmann für Systemgastronomie einer bekannten Fast-Food-Kette.

Der Auszubildende hat in den ersten beiden Wochen seiner Ausbildung bereits Einblicke in die Unternehmensstruktur erhalten und konnte während seinem Einsatz in der Küche die Produkte und deren Herstellung kennenlernen.

1.2. Unterweisungsstätte

Die Unterweisung findet im Restaurant statt, da dort die idealen Bedingungen für die Umsetzung des Erlernten in die Praxis bestehen.

1.3. Zeitpunkt und Dauer der Unterweisung

Da am Morgen (zwischen 09:00 Uhr und 10:00 Uhr) das Gästeaufkommen eher gering ist, wird die Unterweisung in der Frühschicht stattfinden. So hat der Ausbilder die nötige Zeit und Ruhe für den Auszubildenden. Die Unterweisung dauert 10 Minuten.

1.4. Soziale Rahmenbedingungen

Der Auszubildende ist sehr teamorientiert und lernwillig und hatte bisher weder Konflikte und Probleme im Ausbildungsbetrieb.

Bei den bisher übertragenen Aufgaben zeigte er immer großes Interesse und Geschicklichkeit. Er ist pünktlich und hat Spaß an der Arbeit.

1.5. Arbeitsmittel und Materialien

Für das Lehrgespräch werden folgende Arbeitsmittel und Materialien benötigt:

- Pinnwand
- Karteikarten
- Produktverpackungen zur Demonstration der Bestellungsübergabe

2. Didaktische Analyse

2.1. Thema der Unterweisung

Die Unterweisung umfasst einen Teil des Ausbildungsberufsbildes (§ 4 Nr.5 Umgang mit Gästen, Beratung und Verkauf) der Verordnung über die Berufsausbildung im Gastgewerbe – explizit zum Fachmann für Systemgastronomie. Dieses wird dargestellt durch:
„Die sechs Schritte im Service"

2.2 Formulierungen der Lernziele

Feinlernziel:
Der Auszubildende soll nach der Unterweisung in der Lage sein, die Gäste nach und mit Hilfe den zuvor erlernten sechs Schritten zu bedienen. Hierdurch soll er für einen störungsfreien, angenehmen Bedienablauf im Restaurant und Gästezufriedenheit sorgen.

Zur Erreichung des Lernziels werden die folgenden drei Lernbereiche genutzt:

kognitiver Lernbereich:
Der Auszubildende kann nach der Unterweisung die Wichtigkeit des Services benennen und seine Arbeit bewerten.

affektiver Lernbereich:
Der Auszubildende ist sich über die sechs erforderlichen Schritte des Service bewusst und wird die Gäste ordnungsgemäß, schnell und freundlichen bedienen. Zudem wird er die Tätigkeit als sinnvoll annehmen, um den Bedienablauf im Restaurant und die Gästezufriedenheit sicherzustellen.

psychomotorischer Lernbereich:
Der Auszubildende wird die erlernten Schritte für die Bedienung der Gäste beherrschen und diese Tätigkeit bei jedem Gast korrekt und in der richtigen Reihenfolge anwenden.

2.3. Förderung der Schlüsselqualifikationen

Durch die Unterweisung werden folgende Schlüsselqualifikationen vermittelt:

Methodenkompetenz
Erkennen des geplanten Ziels, Genauigkeit, Qualitätsbewusstsein und Selbstkontrolle, Sorgfalt und systematischen Vorgehen

Lernkompetenz

Umsetzen von Theorie in die Praxis, problemlösendes und vorauschauendes Denken

Sozialkompetenz

Kommunikationsfähigkeit, Aufmerksamkeit, Einfühlungsvermögen, kundengerechtes Verhalten und Zuverlässigkeit

3. Methodische Analyse

3.1. Methoden der Unterweisung

Da die Erarbeitung der sechs Schritte im Service zur Bedienung der Gäste zunächst theoretisch erfolgt, wurde die Unterweisungsmethode des Lehrgesprächs gewählt.

Bei dieser Methode wird der Auszubildende die sechs Schritte und die wichtigsten Aspekte selbstständig erarbeiten und hat somit einen hohen Lerneffekt.

Im Anschluss an das Lehrgespräch erfolgt die praktische Umsetzung des theoretisch Erlernten mit Hilfe eines Rollenspiels. Hierbei kann der Auszubildende zeigen, was er verstanden beziehungsweise nicht verstanden hat und gegebenenfalls noch offene Fragen klären.

3.2. Rolle des Ausbilders und des Auszubildenden

Zunächst werden gemeinsam im Gespräch die sechs Schritte für den Service erarbeitet. Hier erarbeitet der Auszubildende die Aspekte weitestgehend selbstständig durch geschickte Stellung von gezielten Fragen. Nach der Erarbeitung und Verinnerlichung soll der Auszubildende die Servicesituation möglichst eigenständig durchführen. Der Ausbilder übernimmt die Rolle des Gastes und überwacht das Handeln und greift ein, sobald ein Fehler unterläuft. Eine Hilfestellung erfolgt erst, wenn der Auszubildende den Fehler nicht findet.

4. Ablauf der Unterweisung

4.1. Vorbereitung

Ohne Anwesenheit des Auszubildenden findet die Vorbereitung statt, in dem alle benötigten Materialien aufgebaut und bereitgestellt werden.

4.2. Begrüßung und Einführung

Nachdem der Auszubildende die Unterweisungsörtlichkeit betreten hat, wird dieser freundlichen begrüßt und zur Auflockerung der Atmosphäre und zum Nehmen von ersten Hemmungen wird ein kurzes Gespräch über die vergangenen Tage des Ausbildungseinsatzes in der Küche geführt. Hiermit wird zum einen auf bereits Erlerntes eingegangen, zum anderen bietet die Thematik übergreifend das Thema der Unterweisung vorzustellen.

4.3. Hauptteil und Schluss

Zu Beginn soll der Auszubildende erläutern und erklären, was für ihn Service ist und wie er ihn definiert. So wird zu Anfang die Motivation des Auszubildenden gefördert und eine Gesprächsgrundlage gebildet. Im Anschluss daran deckt der Ausbilder den Themenbegriff an der Pinnwand auf und durch Unterstützung von geschickt gestellten Fragen, wird der Auszubildende alle Schritte erarbeiten. Wenn der Auszubildende einen richtigen Aspekt genannt hat, wird der Ausbilder die entsprechende

Karteikarte an der Pinnwand befestigen. Wurden alle Punkte erarbeitet, hat der Auszubildende die Möglichkeit, sich die Schritte einzuprägen und mögliche Unklarheiten zu beseitigen, in dem der Ausbilder fragt, ob noch Unklarheiten oder Fragen bestehen.

4.4. Praktische Umsetzung

Anschließend wird das theoretisch Erlernte in einem Rollenspiel in die Praxis umgesetzt. Hierzu wird der Ausbilder die Rolle des Gastes einnehmen und der Auszubildende soll den „Gast" anhand der erlernten Schritte ordnungsgemäß bedienen. Durch diese Methode hat der Ausbilder die Möglichkeit den Auszubildenden zu beobachten und ihn auf eventuelle Fehler aufmerksam zu machen. Um diese Situatuion möglichst realitätsnah darzustellen, hat der Ausbilder Produktverpackungen zur Bestellübergabe bereitgelegt. Somit kann sich der Auszubildende auf die Umsetzung und Einhaltung der erlernten sechs Schritte zur Bedienung konzentrieren.

4.5. Abschluss der Unterweisung

Abschließend wird der Auszubildende für die gute Leistung und engagierte Mitarbeit gelobt. Die erfolgreiche Erreichung des Lernziels wird deutlich gemacht und der Ausbilder gibt dem Auszubildenden die Aufgabe im weiteren Verlauf des Arbeitstages die erlernte Servicetätigkeit an „echten" Gästen zu üben und umzusetzen. Des Weiteren wird auf die morgige Unterweisung hingewiesen, in der der Auszubildende lernen wird, wie er die Gäste am Drive-In des Restaurants bedient.
Danach wird der Auszubildende positiv verabschiedet.

BEI GRIN MACHT SICH IHR
WISSEN BEZAHLT

- Wir veröffentlichen Ihre Hausarbeit,
  Bachelor- und Masterarbeit

- Ihr eigenes eBook und Buch -
  weltweit in allen wichtigen Shops

- Verdienen Sie an jedem Verkauf

Jetzt bei www.GRIN.com hochladen
und kostenlos publizieren